Rosalie liebt Trüffel

von Katja Reider
und Jutta Bücker

sanssouci

Das ist Rosalie.

Das ist Rosalie im März.

Das ist Rosalie im Mai.

Und so sieht Rosalie auch im JuniJuliAugustSeptember aus.

Rosalie schwebt wie auf Wolken.

Rosalie ist verliebt.

In wen?

In Trüffel. Wen sonst?

»Verliebt waren wir alle mal«, sagt Rosalies Mutter.
»Ach, wirklich?«, fragt Rosalie.
»Jetzt werd bitte nicht frech!«, sagt Rosalies Vater.
»Was kann der Kerl dir denn bieten außer den üblichen Schweinereien?«
»Sein Herz«, sagt Rosalie.
Also nichts.
Die Eltern schütteln betrübt die Köpfe.
Rosalie geht.

Sie hat ja Trüffel
und ihre Freundinnen
Lotte und Clara.
Lotte und Clara sind auch verliebt.
Lotte in Flamenco.
Clara in Carlo.
Jedenfalls im Moment.

»Was liebst du besonders an Carlo?«,
will Rosalie wissen.
Clara überlegt.
»Sein Styling, sein Auto, seine Wohnung, …«
Und dass er eben ein richtiges Schwein ist.
Den Rest werde sie sich schon noch zurecht biegen.
Meint Clara.
Ach so! Rosalie staunt.
Sie selber liebe einfach alles an Trüffel:
»Wie er lacht wie er küsst wie er geht wie er steht wie er spricht
wie er liegt wie er träumt wie er tanzt wie er singt wie er – !«
»Ich freu mich ja so für dich«, sagt Clara,
als sie sich zum letzten Mal meldet.
Rosalie merkt es kaum.

Sie hat ja Trüffel.
Trüffel und ihre Träume.
Rosalie liegt am liebsten unterm Apfelbaum und träumt.
Rosalie träumt von … Ja, wovon denn?
Ihr schönster Traum ist doch schon wahr,
Trüffel und sie ein Liebespaar!
Rosalie eilt davon, ihren Traum zu leben:

Hingabe Zärtlichkeit Leidenschaft
Grenzenlose Nähe –
Ein Leben lang der Himmel auf Erden!
Ach …
»Trüffel«, haucht Rosalie.
»Rosalie«, seufzt Trüffel.
Der Rest ist Schweigen.

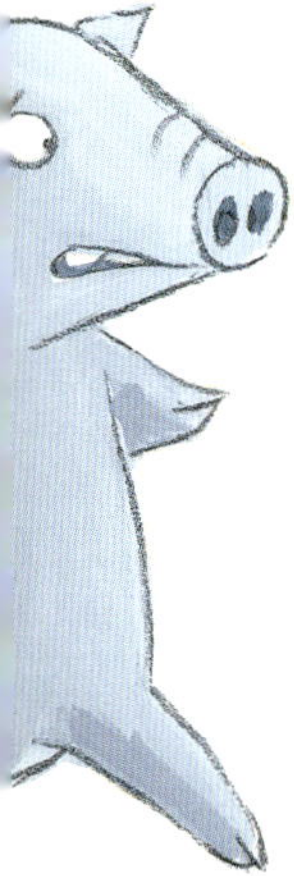

Und Schnarchen.
Schnarchen??!!
Wieso Schnarchen?
Rosalie ist entsetzt.
Wie kann Trüffel schlafen,
wenn sie hellwach ist?

Wie kann Trüffel sich verschließen,
wenn sie sich offenbart?
Wie kann Trüffel fernsehen,
wenn sie ihm nah ist?

Wie kann Trüffel essen,
wenn sie nach Zärtlichkeit hungert?
Wie kann Trüffel Durst haben,
wenn sie in Arbeit ertrinkt?
Wie kann Trüffel nichtig finden,
was ihr wichtig ist?
Wie kann Trüffel …?

Ach, wie kann er nur!
Und wie konnte sie, Rosalie, nicht merken,
dass Trüffel ein Schwein ist
wie alle anderen.

Ach …!

Rosalie sucht Trost bei ihren Freundinnen.

Vergeblich.

Lotte und Clara suchen gerade selbst.

Lotte ihr inneres Karma.

Clara grüne Wildlederhosen.

Rosalie geht.
Wohin?
Egal wohin.
Ihren eigenen Weg.

Schnell schnell
die Karriereleiter hinauf.
Rosalie ist außer Atem,
die Luft hier oben dünn,
und voller Schweine.
Rosalie wird schon das Richtige finden
irgendwie
irgendwo.

Irgendwann
ist Rosalie die Plackerei leid.
Rosalie träumt von der Liebe, der wahren und einzigen.
Rosalie träumt von Trüffel.
Zu spät?
Gewiss zu spät.
Wie konnte … Ach, wie konnte sie nur!
Rosalie ist untröstlich.

Aber sie ist es nicht allein.
Unter dem Apfelbaum
trauert noch ein Schwein.

»Trüffel«, haucht Rosalie.
»Rosalie«, flüstert Trüffel.
»Meine Rosalie …«

»Rosalie!«, flüstert Trüffel.
»Trüffel!«, haucht Rosalie.
»Mein Trüffel …«

Aber er ist es nicht allein.
Unter dem Apfelbaum
trauert noch ein Schwein.

Trüffel treibt dahin.
Süße Haut an jedem Hafen.
Knusprig
zart
delikat
Trüffel ist's bald einerlei.
Trüffel träumt von der Liebe, der wahren und einzigen.
Trüffel träumt von Rosalie.
Zu spät?
Gewiss zu spät.
Wie konnte … Ach, wie konnte er nur!
Trüffel ist untröstlich.

Ach …!
Trüffel sucht Trost.
Trüffel trinkt
ein Bier ein Korn
ein Bier ein Korn
ein Bier …
zuviel.

Ach, wie kann sie nur!
Und wie konnte er, Trüffel, nicht merken,
dass Rosalie nur schöne Schwarte ist
wie alle anderen.

Wie kann sie Ferkel fordern,
wenn ihm kaum Zeit für Ferkeleien bleibt?
Wie kann sie seine Schweigsamkeit kritisieren
und ihm ständig ins Wort fallen?
Wie kann sie im Rosengarten sitzen
und nur die Dornen zählen?
Wie kann sie …?

Wie kann sie über Zahnpasta zetern,
wenn er mit Zahlen jongliert?
Wie kann sie Küsse einklagen,
wenn er die Kurse studiert?

Und Streiten.
Streiten??!!
Wieso Streiten?
Trüffel versteht nicht.
Wie kann Rosalie über seine Abwesenheit jammern,
wenn er ein Anwesen für sie plant?

Er hat ja Rosalie.
Rosalie und seine Träume.
Trüffel liegt am liebsten unterm Apfelbaum und träumt.
Trüffel träumt von … Ja, wovon denn?
Sein schönster Traum ist doch längst wahr,
Rosalie für alle Zeiten da!
Trüffel eilt davon.
Sein Traum braucht einen Rahmen.
Nicht irgendeinen … oh nein!
Ein Haus voller Zimmer
ein Keller voller Äpfel
ein Garten voller Rosen – ein Himmelreich für Rosalie.
Ach …
»Trüffel«, haucht Rosalie.
»Rosalie«, seufzt Trüffel.
Der Rest ist Schweigen.

»Was gefällt dir an Clara?«, will Trüffel wissen.
Carlo denkt nach.
»Ihre Haxen, ihre Schenkel, ihre Widerborstigkeit, …
Und dass sie manchmal so schweinische Sachen sagt.«
»So was wie … ›Kotelett‹?«, fragt Trüffel.
»So ähnlich«, sagt Carlo.
»Und was gefällt dir an Rosalie?«
»Alles«, seufzt Trüffel.
»Einfach alles!«
»Klingt ja echt spannend«, sagt Carlo,
während er Trüffels Nummer auf seinem Handy löscht.
Trüffel vermisst ihn nicht.

Zum Glück hat er ja Rosalie.
Rosalie und seine Freunde
Bürste und Carlo.
Bürste und Carlo genießen ihr Leben auch.
Anders als Trüffel.
Bürste genießt Bier und Ballermann.
Carlo die Gunst von Clara,
besonders nachts.

»Binde dich bloß nicht zu früh!«, sagt Trüffels Mutter.
»Genieße erst mal dein Leben«, sagt Trüffels Vater.
»Aber das tue ich!«, ruft Trüffel, »ich –«
»Später ist keine Zeit mehr dafür«, sagt Trüffels Vater.
Trüffels Mutter nickt.
Trüffel schweigt.

Das ist Trüffel.
Das ist Trüffel am Morgen.
Das ist Trüffel am Abend.
Und so sieht Trüffel auch spät in der Nacht aus.
Trüffel ist selig.
Trüffel ist verrückt verzückt verzaubert.
Trüffel ist verliebt.
In wen?
In Rosalie. Wen sonst?

Vom Glück zu zweit

Unser gesamtes lieferbares Programm und
viele andere Informationen finden Sie unter
www.sanssouci-verlag.de

2 3 4 5 11 10 09 08 07

ISBN 978-3-8363-0014-8

Einbandgestaltung: Harald Hohberger, München,
unter Verwendung eines Motivs von Jutta Bücker
Lithos: Reinhard Amann, Aichstetten
Satz im Verlag
Druck und Bindung:
Memminger MedienCentrum AG, Memmingen
Printed in Germany

Trüffel liebt Rosalie

von Katja Reider
und Jutta Bücker

sanssouci